GOLF JOURNAL

Name:	
Address:	
Phone:	
Email:	

Date:		Tee Off Time:	
Name of Course:			
Weather:		Temperature:	
Wind:		Handicap:	
Par:		Yardage:	
Players:			

Scores

Front 9	1	2	3	4	5	6	7	8	9	Total
Par										
Tee Box										
Yardage										
Drive(Yards)										
Putts(#)										
Penalties										
Strokes										
Back 9	1	2	3	4	5	6	7	8	9	Total
Par										
Tee Box										
Yardage										
Drive(Yards)										
Putts(#)										
Penalties										
Strokes										

Grand Total:

Eagles		Birdies		Pars		Bogeys		Tees	

Notes

Date:		Tee Off Time:	
Name of Course:			
Weather:		Temperature:	
Wind:		Handicap:	
Par:		Yardage:	
Players:			

Scores

Front 9	1	2	3	4	5	6	7	8	9	Total
Par										
Tee Box										
Yardage										
Drive(Yards)										
Putts(#)										
Penalties										
Strokes										

Back 9	1	2	3	4	5	6	7	8	9	Total
Par										
Tee Box										
Yardage										
Drive(Yards)										
Putts(#)										
Penalties										
Strokes										

Grand Total:					
Eagles		Birdies		Pars		Bogeys		Tees	

Notes

Date:		Tee Off Time:	
Name of Course:			
Weather:		Temperature:	
Wind:		Handicap:	
Par:		Yardage:	
Players:			

Scores

Front 9	1	2	3	4	5	6	7	8	9	Total
Par										
Tee Box										
Yardage										
Drive(Yards)										
Putts(#)										
Penalties										
Strokes										
Back 9	1	2	3	4	5	6	7	8	9	Total
Par										
Tee Box										
Yardage										
Drive(Yards)										
Putts(#)										
Penalties										
Strokes										

Grand Total:

Eagles		Birdies		Pars		Bogeys		Tees	

Notes

Date:		Tee Off Time:	
Name of Course:			
Weather:		Temperature:	
Wind:		Handicap:	
Par:		Yardage:	
Players:			

Scores

Front 9	1	2	3	4	5	6	7	8	9	Total
Par										
Tee Box										
Yardage										
Drive(Yards)										
Putts(#)										
Penalties										
Strokes										
Back 9	1	2	3	4	5	6	7	8	9	Total
Par										
Tee Box										
Yardage										
Drive(Yards)										
Putts(#)										
Penalties										
Strokes										
Grand Total:										

Eagles		Birdies		Pars		Bogeys		Tees	

Notes

Date:		Tee Off Time:	
Name of Course:			
Weather:		Temperature:	
Wind:		Handicap:	
Par:		Yardage:	
Players:			

Scores

Front 9	1	2	3	4	5	6	7	8	9	Total
Par										
Tee Box										
Yardage										
Drive(Yards)										
Putts(#)										
Penalties										
Strokes										

Back 9	1	2	3	4	5	6	7	8	9	Total
Par										
Tee Box										
Yardage										
Drive(Yards)										
Putts(#)										
Penalties										
Strokes										

Grand Total:									
Eagles		Birdies		Pars		Bogeys		Tees	

Notes

Date:		Tee Off Time:
Name of Course:		
Weather:		Temperature:
Wind:		Handicap:
Par:		Yardage:
Players:		

Scores

Front 9	1	2	3	4	5	6	7	8	9	Total
Par										
Tee Box										
Yardage										
Drive(Yards)										
Putts(#)										
Penalties										
Strokes										

Back 9	1	2	3	4	5	6	7	8	9	Total
Par										
Tee Box										
Yardage										
Drive(Yards)										
Putts(#)										
Penalties										
Strokes										

Grand Total:

Eagles		Birdies		Pars		Bogeys		Tees	

Notes

Date:		Tee Off Time:
Name of Course:		
Weather:		Temperature:
Wind:		Handicap:
Par:		Yardage:
Players:		

Scores

Front 9	1	2	3	4	5	6	7	8	9	**Total**
Par										
Tee Box										
Yardage										
Drive(Yards)										
Putts(#)										
Penalties										
Strokes										

Back 9	1	2	3	4	5	6	7	8	9	**Total**
Par										
Tee Box										
Yardage										
Drive(Yards)										
Putts(#)										
Penalties										
Strokes										

Grand Total:

Eagles		Birdies		Pars		Bogeys		Tees	

Notes

Date:		Tee Off Time:	
Name of Course:			
Weather:		Temperature:	
Wind:		Handicap:	
Par:		Yardage:	
Players:			

Scores

Front 9	1	2	3	4	5	6	7	8	9	Total
Par										
Tee Box										
Yardage										
Drive(Yards)										
Putts(#)										
Penalties										
Strokes										

Back 9	1	2	3	4	5	6	7	8	9	Total
Par										
Tee Box										
Yardage										
Drive(Yards)										
Putts(#)										
Penalties										
Strokes										

Grand Total:

Eagles		Birdies		Pars		Bogeys		Tees	

Notes

Date:		Tee Off Time:	
Name of Course:			
Weather:		Temperature:	
Wind:		Handicap:	
Par:		Yardage:	
Players:			

Scores

Front 9	1	2	3	4	5	6	7	8	9	Total
Par										
Tee Box										
Yardage										
Drive(Yards)										
Putts(#)										
Penalties										
Strokes										

Back 9	1	2	3	4	5	6	7	8	9	Total
Par										
Tee Box										
Yardage										
Drive(Yards)										
Putts(#)										
Penalties										
Strokes										

Grand Total:

Eagles		Birdies		Pars		Bogeys		Tees	

Notes

Date:		Tee Off Time:	
Name of Course:			
Weather:		Temperature:	
Wind:		Handicap:	
Par:		Yardage:	
Players:			

Scores

Front 9	1	2	3	4	5	6	7	8	9	Total
Par										
Tee Box										
Yardage										
Drive(Yards)										
Putts(#)										
Penalties										
Strokes										
Back 9	1	2	3	4	5	6	7	8	9	Total
Par										
Tee Box										
Yardage										
Drive(Yards)										
Putts(#)										
Penalties										
Strokes										

Grand Total:

Eagles		Birdies		Pars		Bogeys		Tees	

Notes

Date:		Tee Off Time:
Name of Course:		
Weather:		Temperature:
Wind:		Handicap:
Par:		Yardage:
Players:		

Scores

Front 9	1	2	3	4	5	6	7	8	9	Total
Par										
Tee Box										
Yardage										
Drive(Yards)										
Putts(#)										
Penalties										
Strokes										
Back 9	1	2	3	4	5	6	7	8	9	Total
Par										
Tee Box										
Yardage										
Drive(Yards)										
Putts(#)										
Penalties										
Strokes										

Grand Total:

Eagles		Birdies		Pars		Bogeys		Tees	

Notes

Date:		Tee Off Time:	
Name of Course:			
Weather:		Temperature:	
Wind:		Handicap:	
Par:		Yardage:	
Players:			

Scores

Front 9	1	2	3	4	5	6	7	8	9	Total
Par										
Tee Box										
Yardage										
Drive(Yards)										
Putts(#)										
Penalties										
Strokes										

Back 9	1	2	3	4	5	6	7	8	9	Total
Par										
Tee Box										
Yardage										
Drive(Yards)										
Putts(#)										
Penalties										
Strokes										

Grand Total:					
Eagles		Birdies		Pars		Bogeys		Tees	

Notes

Date:		Tee Off Time:	
Name of Course:			
Weather:		Temperature:	
Wind:		Handicap:	
Par:		Yardage:	
Players:			

Scores

Front 9	1	2	3	4	5	6	7	8	9	Total
Par										
Tee Box										
Yardage										
Drive(Yards)										
Putts(#)										
Penalties										
Strokes										

Back 9	1	2	3	4	5	6	7	8	9	Total
Par										
Tee Box										
Yardage										
Drive(Yards)										
Putts(#)										
Penalties										
Strokes										

Grand Total:

Eagles		Birdies		Pars		Bogeys		Tees	

Notes

Date:		Tee Off Time:	
Name of Course:			
Weather:		Temperature:	
Wind:		Handicap:	
Par:		Yardage:	
Players:			

Scores

Front 9	1	2	3	4	5	6	7	8	9	Total
Par										
Tee Box										
Yardage										
Drive(Yards)										
Putts(#)										
Penalties										
Strokes										

Back 9	1	2	3	4	5	6	7	8	9	Total
Par										
Tee Box										
Yardage										
Drive(Yards)										
Putts(#)										
Penalties										
Strokes										

Grand Total:

Eagles		Birdies		Pars		Bogeys		Tees	

Notes

Date:		Tee Off Time:	
Name of Course:			
Weather:		Temperature:	
Wind:		Handicap:	
Par:		Yardage:	
Players:			

Scores

Front 9	1	2	3	4	5	6	7	8	9	Total
Par										
Tee Box										
Yardage										
Drive(Yards)										
Putts(#)										
Penalties										
Strokes										

Back 9	1	2	3	4	5	6	7	8	9	Total
Par										
Tee Box										
Yardage										
Drive(Yards)										
Putts(#)										
Penalties										
Strokes										

Grand Total:

Eagles		Birdies		Pars		Bogeys		Tees	

Notes

Date:		Tee Off Time:	
Name of Course:			
Weather:		Temperature:	
Wind:		Handicap:	
Par:		Yardage:	
Players:			

Scores

Front 9	1	2	3	4	5	6	7	8	9	Total
Par										
Tee Box										
Yardage										
Drive(Yards)										
Putts(#)										
Penalties										
Strokes										

Back 9	1	2	3	4	5	6	7	8	9	Total
Par										
Tee Box										
Yardage										
Drive(Yards)										
Putts(#)										
Penalties										
Strokes										

Grand Total:

Eagles		Birdies		Pars		Bogeys		Tees	

Notes

Date:		Tee Off Time:
Name of Course:		
Weather:		Temperature:
Wind:		Handicap:
Par:		Yardage:
Players:		

Scores

Front 9	1	2	3	4	5	6	7	8	9	Total
Par										
Tee Box										
Yardage										
Drive(Yards)										
Putts(#)										
Penalties										
Strokes										

Back 9	1	2	3	4	5	6	7	8	9	Total
Par										
Tee Box										
Yardage										
Drive(Yards)										
Putts(#)										
Penalties										
Strokes										

Grand Total:

Eagles		Birdies		Pars		Bogeys		Tees	

Notes

Date:		Tee Off Time:	
Name of Course:			
Weather:		Temperature:	
Wind:		Handicap:	
Par:		Yardage:	
Players:			

Scores

Front 9	1	2	3	4	5	6	7	8	9	Total
Par										
Tee Box										
Yardage										
Drive(Yards)										
Putts(#)										
Penalties										
Strokes										

Back 9	1	2	3	4	5	6	7	8	9	Total
Par										
Tee Box										
Yardage										
Drive(Yards)										
Putts(#)										
Penalties										
Strokes										

Grand Total:

Eagles		Birdies		Pars		Bogeys		Tees	

Notes

Date:	Tee Off Time:
Name of Course:	
Weather:	Temperature:
Wind:	Handicap:
Par:	Yardage:
Players:	

Scores

Front 9	1	2	3	4	5	6	7	8	9	Total
Par										
Tee Box										
Yardage										
Drive(Yards)										
Putts(#)										
Penalties										
Strokes										

Back 9	1	2	3	4	5	6	7	8	9	Total
Par										
Tee Box										
Yardage										
Drive(Yards)										
Putts(#)										
Penalties										
Strokes										

Grand Total:

Eagles		Birdies		Pars		Bogeys		Tees	

Notes

Date:	Tee Off Time:
Name of Course:	
Weather:	Temperature:
Wind:	Handicap:
Par:	Yardage:
Players:	

Scores

Front 9	1	2	3	4	5	6	7	8	9	Total
Par										
Tee Box										
Yardage										
Drive(Yards)										
Putts(#)										
Penalties										
Strokes										
Back 9	1	2	3	4	5	6	7	8	9	**Total**
Par										
Tee Box										
Yardage										
Drive(Yards)										
Putts(#)										
Penalties										
Strokes										

Grand Total:

Eagles		Birdies		Pars		Bogeys		Tees	

Notes

Date:		Tee Off Time:	
Name of Course:			
Weather:		Temperature:	
Wind:		Handicap:	
Par:		Yardage:	
Players:			

Scores

Front 9	1	2	3	4	5	6	7	8	9	Total
Par										
Tee Box										
Yardage										
Drive(Yards)										
Putts(#)										
Penalties										
Strokes										
Back 9	1	2	3	4	5	6	7	8	9	Total
Par										
Tee Box										
Yardage										
Drive(Yards)										
Putts(#)										
Penalties										
Strokes										

Grand Total:

Eagles		Birdies		Pars		Bogeys		Tees	

Notes

Date:		Tee Off Time:	
Name of Course:			
Weather:		Temperature:	
Wind:		Handicap:	
Par:		Yardage:	
Players:			

Scores

Front 9	1	2	3	4	5	6	7	8	9	Total
Par										
Tee Box										
Yardage										
Drive(Yards)										
Putts(#)										
Penalties										
Strokes										
Back 9	1	2	3	4	5	6	7	8	9	Total
Par										
Tee Box										
Yardage										
Drive(Yards)										
Putts(#)										
Penalties										
Strokes										

Grand Total:

Eagles		Birdies		Pars		Bogeys		Tees	

Notes

Date:		Tee Off Time:
Name of Course:		
Weather:		Temperature:
Wind:		Handicap:
Par:		Yardage:
Players:		

Scores

Front 9	1	2	3	4	5	6	7	8	9	Total
Par										
Tee Box										
Yardage										
Drive(Yards)										
Putts(#)										
Penalties										
Strokes										
Back 9	1	2	3	4	5	6	7	8	9	Total
Par										
Tee Box										
Yardage										
Drive(Yards)										
Putts(#)										
Penalties										
Strokes										

Grand Total:

Eagles		Birdies		Pars		Bogeys		Tees	

Notes

Date:		Tee Off Time:	
Name of Course:			
Weather:		Temperature:	
Wind:		Handicap:	
Par:		Yardage:	
Players:			

Scores

Front 9	1	2	3	4	5	6	7	8	9	Total
Par										
Tee Box										
Yardage										
Drive(Yards)										
Putts(#)										
Penalties										
Strokes										
Back 9	1	2	3	4	5	6	7	8	9	Total
Par										
Tee Box										
Yardage										
Drive(Yards)										
Putts(#)										
Penalties										
Strokes										
Grand Total:										

Eagles		Birdies		Pars		Bogeys		Tees	
Notes									

Date:		Tee Off Time:
Name of Course:		
Weather:		Temperature:
Wind:		Handicap:
Par:		Yardage:
Players:		

Scores

Front 9	1	2	3	4	5	6	7	8	9	Total
Par										
Tee Box										
Yardage										
Drive(Yards)										
Putts(#)										
Penalties										
Strokes										

Back 9	1	2	3	4	5	6	7	8	9	Total
Par										
Tee Box										
Yardage										
Drive(Yards)										
Putts(#)										
Penalties										
Strokes										

Grand Total:

Eagles		Birdies		Pars		Bogeys		Tees	

Notes

Date:		Tee Off Time:	
Name of Course:			
Weather:		Temperature:	
Wind:		Handicap:	
Par:		Yardage:	
Players:			

Scores

Front 9	1	2	3	4	5	6	7	8	9	Total
Par										
Tee Box										
Yardage										
Drive(Yards)										
Putts(#)										
Penalties										
Strokes										

Back 9	1	2	3	4	5	6	7	8	9	Total
Par										
Tee Box										
Yardage										
Drive(Yards)										
Putts(#)										
Penalties										
Strokes										

Grand Total:										
Eagles		Birdies		Pars		Bogeys		Tees		
Notes										

Date:		Tee Off Time:	
Name of Course:			
Weather:		Temperature:	
Wind:		Handicap:	
Par:		Yardage:	
Players:			

Scores

Front 9	1	2	3	4	5	6	7	8	9	Total
Par										
Tee Box										
Yardage										
Drive(Yards)										
Putts(#)										
Penalties										
Strokes										
Back 9	1	2	3	4	5	6	7	8	9	Total
Par										
Tee Box										
Yardage										
Drive(Yards)										
Putts(#)										
Penalties										
Strokes										

Grand Total:

Eagles		Birdies		Pars		Bogeys		Tees	

Notes

Date:		Tee Off Time:	
Name of Course:			
Weather:		Temperature:	
Wind:		Handicap:	
Par:		Yardage:	
Players:			

Scores

Front 9	1	2	3	4	5	6	7	8	9	Total
Par										
Tee Box										
Yardage										
Drive(Yards)										
Putts(#)										
Penalties										
Strokes										

Back 9	1	2	3	4	5	6	7	8	9	Total
Par										
Tee Box										
Yardage										
Drive(Yards)										
Putts(#)										
Penalties										
Strokes										

Grand Total:					
Eagles	Birdies	Pars	Bogeys	Tees	
Notes					

Date:		Tee Off Time:
Name of Course:		
Weather:		Temperature:
Wind:		Handicap:
Par:		Yardage:
Players:		

Scores

Front 9	1	2	3	4	5	6	7	8	9	Total
Par										
Tee Box										
Yardage										
Drive(Yards)										
Putts(#)										
Penalties										
Strokes										

Back 9	1	2	3	4	5	6	7	8	9	Total
Par										
Tee Box										
Yardage										
Drive(Yards)										
Putts(#)										
Penalties										
Strokes										

Grand Total:

Eagles		Birdies		Pars		Bogeys		Tees	

Notes

Date:		Tee Off Time:	
Name of Course:			
Weather:		Temperature:	
Wind:		Handicap:	
Par:		Yardage:	
Players:			

Scores

Front 9	1	2	3	4	5	6	7	8	9	Total
Par										
Tee Box										
Yardage										
Drive(Yards)										
Putts(#)										
Penalties										
Strokes										

Back 9	1	2	3	4	5	6	7	8	9	Total
Par										
Tee Box										
Yardage										
Drive(Yards)										
Putts(#)										
Penalties										
Strokes										

Grand Total:

Eagles	Birdies	Pars	Bogeys	Tees

Notes

Date:		Tee Off Time:
Name of Course:		
Weather:		Temperature:
Wind:		Handicap:
Par:		Yardage:
Players:		

Scores

Front 9	1	2	3	4	5	6	7	8	9	Total
Par										
Tee Box										
Yardage										
Drive(Yards)										
Putts(#)										
Penalties										
Strokes										
Back 9	1	2	3	4	5	6	7	8	9	Total
Par										
Tee Box										
Yardage										
Drive(Yards)										
Putts(#)										
Penalties										
Strokes										

Grand Total:

Eagles		Birdies		Pars		Bogeys		Tees	

Notes

Date:		Tee Off Time:	
Name of Course:			
Weather:		Temperature:	
Wind:		Handicap:	
Par:		Yardage:	
Players:			

Scores

Front 9	1	2	3	4	5	6	7	8	9	Total
Par										
Tee Box										
Yardage										
Drive(Yards)										
Putts(#)										
Penalties										
Strokes										

Back 9	1	2	3	4	5	6	7	8	9	Total
Par										
Tee Box										
Yardage										
Drive(Yards)										
Putts(#)										
Penalties										
Strokes										

Grand Total:

Eagles		Birdies		Pars		Bogeys		Tees	

Notes

Date:		Tee Off Time:
Name of Course:		
Weather:		Temperature:
Wind:		Handicap:
Par:		Yardage:
Players:		

Scores

Front 9	1	2	3	4	5	6	7	8	9	Total
Par										
Tee Box										
Yardage										
Drive(Yards)										
Putts(#)										
Penalties										
Strokes										

Back 9	1	2	3	4	5	6	7	8	9	Total
Par										
Tee Box										
Yardage										
Drive(Yards)										
Putts(#)										
Penalties										
Strokes										

Grand Total:

Eagles		Birdies		Pars		Bogeys		Tees	

Notes

Date:		Tee Off Time:	
Name of Course:			
Weather:		Temperature:	
Wind:		Handicap:	
Par:		Yardage:	
Players:			

Scores

Front 9	1	2	3	4	5	6	7	8	9	Total
Par										
Tee Box										
Yardage										
Drive(Yards)										
Putts(#)										
Penalties										
Strokes										

Back 9	1	2	3	4	5	6	7	8	9	Total
Par										
Tee Box										
Yardage										
Drive(Yards)										
Putts(#)										
Penalties										
Strokes										
Grand Total:										

Eagles		Birdies		Pars		Bogeys		Tees	

Notes

Date:		Tee Off Time:	
Name of Course:			
Weather:		Temperature:	
Wind:		Handicap:	
Par:		Yardage:	
Players:			

Scores

Front 9	1	2	3	4	5	6	7	8	9	Total
Par										
Tee Box										
Yardage										
Drive(Yards)										
Putts(#)										
Penalties										
Strokes										

Back 9	1	2	3	4	5	6	7	8	9	Total
Par										
Tee Box										
Yardage										
Drive(Yards)										
Putts(#)										
Penalties										
Strokes										

Grand Total:										
Eagles		Birdies		Pars		Bogeys		Tees		

Notes

Date:		Tee Off Time:	
Name of Course:			
Weather:		Temperature:	
Wind:		Handicap:	
Par:		Yardage:	
Players:			

Scores

Front 9	1	2	3	4	5	6	7	8	9	Total
Par										
Tee Box										
Yardage										
Drive(Yards)										
Putts(#)										
Penalties										
Strokes										
Back 9	1	2	3	4	5	6	7	8	9	Total
Par										
Tee Box										
Yardage										
Drive(Yards)										
Putts(#)										
Penalties										
Strokes										

Grand Total:

Eagles		Birdies		Pars		Bogeys		Tees	

Notes

Date:		Tee Off Time:	
Name of Course:			
Weather:		Temperature:	
Wind:		Handicap:	
Par:		Yardage:	
Players:			

Scores

Front 9	1	2	3	4	5	6	7	8	9	Total
Par										
Tee Box										
Yardage										
Drive(Yards)										
Putts(#)										
Penalties										
Strokes										

Back 9	1	2	3	4	5	6	7	8	9	Total
Par										
Tee Box										
Yardage										
Drive(Yards)										
Putts(#)										
Penalties										
Strokes										

Grand Total:

Eagles		Birdies		Pars		Bogeys		Tees	

Notes

Date:		Tee Off Time:	
Name of Course:			
Weather:		Temperature:	
Wind:		Handicap:	
Par:		Yardage:	
Players:			

Scores

Front 9	1	2	3	4	5	6	7	8	9	Total
Par										
Tee Box										
Yardage										
Drive(Yards)										
Putts(#)										
Penalties										
Strokes										
Back 9	1	2	3	4	5	6	7	8	9	Total
Par										
Tee Box										
Yardage										
Drive(Yards)										
Putts(#)										
Penalties										
Strokes										

Grand Total:

Eagles		Birdies		Pars		Bogeys		Tees	

Notes

Date:		Tee Off Time:
Name of Course:		
Weather:		Temperature:
Wind:		Handicap:
Par:		Yardage:
Players:		

Scores

Front 9	1	2	3	4	5	6	7	8	9	Total
Par										
Tee Box										
Yardage										
Drive(Yards)										
Putts(#)										
Penalties										
Strokes										

Back 9	1	2	3	4	5	6	7	8	9	Total
Par										
Tee Box										
Yardage										
Drive(Yards)										
Putts(#)										
Penalties										
Strokes										

Grand Total:

Eagles		Birdies		Pars		Bogeys		Tees	

Notes

Date:		Tee Off Time:	
Name of Course:			
Weather:		Temperature:	
Wind:		Handicap:	
Par:		Yardage:	
Players:			

Scores

Front 9	1	2	3	4	5	6	7	8	9	Total
Par										
Tee Box										
Yardage										
Drive(Yards)										
Putts(#)										
Penalties										
Strokes										

Back 9	1	2	3	4	5	6	7	8	9	Total
Par										
Tee Box										
Yardage										
Drive(Yards)										
Putts(#)										
Penalties										
Strokes										

Grand Total:					
Eagles	Birdies	Pars	Bogeys	Tees	

Notes

Date:		Tee Off Time:	
Name of Course:			
Weather:		Temperature:	
Wind:		Handicap:	
Par:		Yardage:	
Players:			

Scores

Front 9	1	2	3	4	5	6	7	8	9	Total
Par										
Tee Box										
Yardage										
Drive(Yards)										
Putts(#)										
Penalties										
Strokes										

Back 9	1	2	3	4	5	6	7	8	9	Total
Par										
Tee Box										
Yardage										
Drive(Yards)										
Putts(#)										
Penalties										
Strokes										

Grand Total:

Eagles		Birdies		Pars		Bogeys		Tees	

Notes

Date:	Tee Off Time:
Name of Course:	
Weather:	Temperature:
Wind:	Handicap:
Par:	Yardage:
Players:	

Scores

Front 9	1	2	3	4	5	6	7	8	9	Total
Par										
Tee Box										
Yardage										
Drive(Yards)										
Putts(#)										
Penalties										
Strokes										

Back 9	1	2	3	4	5	6	7	8	9	Total
Par										
Tee Box										
Yardage										
Drive(Yards)										
Putts(#)										
Penalties										
Strokes										

Grand Total:

Eagles		Birdies		Pars		Bogeys		Tees	

Notes

Date:		Tee Off Time:	
Name of Course:			
Weather:		Temperature:	
Wind:		Handicap:	
Par:		Yardage:	
Players:			

Scores

Front 9	1	2	3	4	5	6	7	8	9	Total
Par										
Tee Box										
Yardage										
Drive(Yards)										
Putts(#)										
Penalties										
Strokes										

Back 9	1	2	3	4	5	6	7	8	9	Total
Par										
Tee Box										
Yardage										
Drive(Yards)										
Putts(#)										
Penalties										
Strokes										

Grand Total:							
Eagles		Birdies		Pars		Bogeys		Tees	

Notes

Date:		Tee Off Time:
Name of Course:		
Weather:		Temperature:
Wind:		Handicap:
Par:		Yardage:
Players:		

Scores

Front 9	1	2	3	4	5	6	7	8	9	Total
Par										
Tee Box										
Yardage										
Drive(Yards)										
Putts(#)										
Penalties										
Strokes										

Back 9	1	2	3	4	5	6	7	8	9	Total
Par										
Tee Box										
Yardage										
Drive(Yards)										
Putts(#)										
Penalties										
Strokes										

Grand Total:

Eagles		Birdies		Pars		Bogeys		Tees	

Notes

Date:		Tee Off Time:	
Name of Course:			
Weather:		Temperature:	
Wind:		Handicap:	
Par:		Yardage:	
Players:			

Scores

Front 9	1	2	3	4	5	6	7	8	9	Total
Par										
Tee Box										
Yardage										
Drive(Yards)										
Putts(#)										
Penalties										
Strokes										

Back 9	1	2	3	4	5	6	7	8	9	Total
Par										
Tee Box										
Yardage										
Drive(Yards)										
Putts(#)										
Penalties										
Strokes										

Grand Total:

Eagles		Birdies		Pars		Bogeys		Tees	

Notes

Date:		Tee Off Time:	
Name of Course:			
Weather:		Temperature:	
Wind:		Handicap:	
Par:		Yardage:	
Players:			

Scores

Front 9	1	2	3	4	5	6	7	8	9	Total
Par										
Tee Box										
Yardage										
Drive(Yards)										
Putts(#)										
Penalties										
Strokes										

Back 9	1	2	3	4	5	6	7	8	9	Total
Par										
Tee Box										
Yardage										
Drive(Yards)										
Putts(#)										
Penalties										
Strokes										

Grand Total:

Eagles		Birdies		Pars		Bogeys		Tees	

Notes

Date:	Tee Off Time:
Name of Course:	
Weather:	Temperature:
Wind:	Handicap:
Par:	Yardage:
Players:	

Scores

Front 9	1	2	3	4	5	6	7	8	9	Total
Par										
Tee Box										
Yardage										
Drive(Yards)										
Putts(#)										
Penalties										
Strokes										

Back 9	1	2	3	4	5	6	7	8	9	Total
Par										
Tee Box										
Yardage										
Drive(Yards)										
Putts(#)										
Penalties										
Strokes										

Grand Total:

Eagles		Birdies		Pars		Bogeys		Tees	

Notes

Date:		Tee Off Time:	
Name of Course:			
Weather:		Temperature:	
Wind:		Handicap:	
Par:		Yardage:	
Players:			

Scores

Front 9	1	2	3	4	5	6	7	8	9	Total
Par										
Tee Box										
Yardage										
Drive(Yards)										
Putts(#)										
Penalties										
Strokes										

Back 9	1	2	3	4	5	6	7	8	9	Total
Par										
Tee Box										
Yardage										
Drive(Yards)										
Putts(#)										
Penalties										
Strokes										

Grand Total:

Eagles		Birdies		Pars		Bogeys		Tees	

Notes

Date:		Tee Off Time:
Name of Course:		
Weather:		Temperature:
Wind:		Handicap:
Par:		Yardage:
Players:		

Scores

Front 9	1	2	3	4	5	6	7	8	9	Total
Par										
Tee Box										
Yardage										
Drive(Yards)										
Putts(#)										
Penalties										
Strokes										

Back 9	1	2	3	4	5	6	7	8	9	Total
Par										
Tee Box										
Yardage										
Drive(Yards)										
Putts(#)										
Penalties										
Strokes										

Grand Total:

Eagles		Birdies		Pars		Bogeys		Tees	

Notes

Date:		Tee Off Time:	
Name of Course:			
Weather:		Temperature:	
Wind:		Handicap:	
Par:		Yardage:	
Players:			

Scores

Front 9	1	2	3	4	5	6	7	8	9	Total
Par										
Tee Box										
Yardage										
Drive(Yards)										
Putts(#)										
Penalties										
Strokes										

Back 9	1	2	3	4	5	6	7	8	9	Total
Par										
Tee Box										
Yardage										
Drive(Yards)										
Putts(#)										
Penalties										
Strokes										

Grand Total:

Eagles		Birdies		Pars		Bogeys		Tees	

Notes

Date:		Tee Off Time:	
Name of Course:			
Weather:		Temperature:	
Wind:		Handicap:	
Par:		Yardage:	
Players:			

Scores

Front 9	1	2	3	4	5	6	7	8	9	Total
Par										
Tee Box										
Yardage										
Drive(Yards)										
Putts(#)										
Penalties										
Strokes										

Back 9	1	2	3	4	5	6	7	8	9	Total
Par										
Tee Box										
Yardage										
Drive(Yards)										
Putts(#)										
Penalties										
Strokes										

Grand Total:					
Eagles		Birdies		Pars		Bogeys		Tees	
Notes					

Date:		Tee Off Time:	
Name of Course:			
Weather:		Temperature:	
Wind:		Handicap:	
Par:		Yardage:	
Players:			

Scores

Front 9	1	2	3	4	5	6	7	8	9	Total
Par										
Tee Box										
Yardage										
Drive(Yards)										
Putts(#)										
Penalties										
Strokes										

Back 9	1	2	3	4	5	6	7	8	9	Total
Par										
Tee Box										
Yardage										
Drive(Yards)										
Putts(#)										
Penalties										
Strokes										
Grand Total:										

Eagles		Birdies		Pars		Bogeys		Tees	

Notes

Date:		Tee Off Time:
Name of Course:		
Weather:		Temperature:
Wind:		Handicap:
Par:		Yardage:
Players:		

Scores

Front 9	1	2	3	4	5	6	7	8	9	Total
Par										
Tee Box										
Yardage										
Drive(Yards)										
Putts(#)										
Penalties										
Strokes										
Back 9	1	2	3	4	5	6	7	8	9	Total
Par										
Tee Box										
Yardage										
Drive(Yards)										
Putts(#)										
Penalties										
Strokes										

Grand Total:

Eagles		Birdies		Pars		Bogeys		Tees	

Notes

Date:		Tee Off Time:
Name of Course:		
Weather:		Temperature:
Wind:		Handicap:
Par:		Yardage:
Players:		

Scores

Front 9	1	2	3	4	5	6	7	8	9	Total
Par										
Tee Box										
Yardage										
Drive(Yards)										
Putts(#)										
Penalties										
Strokes										

Back 9	1	2	3	4	5	6	7	8	9	Total
Par										
Tee Box										
Yardage										
Drive(Yards)										
Putts(#)										
Penalties										
Strokes										

Grand Total:				
Eagles	Birdies	Pars	Bogeys	Tees

Notes

Date:		Tee Off Time:	
Name of Course:			
Weather:		Temperature:	
Wind:		Handicap:	
Par:		Yardage:	
Players:			

Scores

Front 9	1	2	3	4	5	6	7	8	9	Total
Par										
Tee Box										
Yardage										
Drive(Yards)										
Putts(#)										
Penalties										
Strokes										

Back 9	1	2	3	4	5	6	7	8	9	Total
Par										
Tee Box										
Yardage										
Drive(Yards)										
Putts(#)										
Penalties										
Strokes										

Grand Total:										
Eagles		Birdies		Pars		Bogeys		Tees		

Notes

Date:		Tee Off Time:
Name of Course:		
Weather:		Temperature:
Wind:		Handicap:
Par:		Yardage:
Players:		

Scores

Front 9	1	2	3	4	5	6	7	8	9	Total
Par										
Tee Box										
Yardage										
Drive(Yards)										
Putts(#)										
Penalties										
Strokes										

Back 9	1	2	3	4	5	6	7	8	9	Total
Par										
Tee Box										
Yardage										
Drive(Yards)										
Putts(#)										
Penalties										
Strokes										

Grand Total:				
Eagles	Birdies	Pars	Bogeys	Tees

Notes

Date:		Tee Off Time:	
Name of Course:			
Weather:		Temperature:	
Wind:		Handicap:	
Par:		Yardage:	
Players:			

Scores

Front 9	1	2	3	4	5	6	7	8	9	Total
Par										
Tee Box										
Yardage										
Drive(Yards)										
Putts(#)										
Penalties										
Strokes										

Back 9	1	2	3	4	5	6	7	8	9	Total
Par										
Tee Box										
Yardage										
Drive(Yards)										
Putts(#)										
Penalties										
Strokes										

Grand Total:

Eagles		Birdies		Pars		Bogeys		Tees	

Notes

Date:		Tee Off Time:	
Name of Course:			
Weather:		Temperature:	
Wind:		Handicap:	
Par:		Yardage:	
Players:			

Scores

Front 9	1	2	3	4	5	6	7	8	9	Total
Par										
Tee Box										
Yardage										
Drive(Yards)										
Putts(#)										
Penalties										
Strokes										

Back 9	1	2	3	4	5	6	7	8	9	Total
Par										
Tee Box										
Yardage										
Drive(Yards)										
Putts(#)										
Penalties										
Strokes										

Grand Total:

Eagles		Birdies		Pars		Bogeys		Tees	

Notes

Date:		Tee Off Time:	
Name of Course:			
Weather:		Temperature:	
Wind:		Handicap:	
Par:		Yardage:	
Players:			

Scores

Front 9	1	2	3	4	5	6	7	8	9	Total
Par										
Tee Box										
Yardage										
Drive(Yards)										
Putts(#)										
Penalties										
Strokes										

Back 9	1	2	3	4	5	6	7	8	9	Total
Par										
Tee Box										
Yardage										
Drive(Yards)										
Putts(#)										
Penalties										
Strokes										

Grand Total:	
Eagles	Birdies	Pars	Bogeys	Tees

Notes

Date:		Tee Off Time:
Name of Course:		
Weather:		Temperature:
Wind:		Handicap:
Par:		Yardage:
Players:		

Scores

Front 9	1	2	3	4	5	6	7	8	9	Total
Par										
Tee Box										
Yardage										
Drive(Yards)										
Putts(#)										
Penalties										
Strokes										

Back 9	1	2	3	4	5	6	7	8	9	Total
Par										
Tee Box										
Yardage										
Drive(Yards)										
Putts(#)										
Penalties										
Strokes										

Grand Total:				
Eagles	Birdies	Pars	Bogeys	Tees

Notes

Date:		Tee Off Time:	
Name of Course:			
Weather:		Temperature:	
Wind:		Handicap:	
Par:		Yardage:	
Players:			

Scores

Front 9	1	2	3	4	5	6	7	8	9	**Total**
Par										
Tee Box										
Yardage										
Drive(Yards)										
Putts(#)										
Penalties										
Strokes										
Back 9	1	2	3	4	5	6	7	8	9	**Total**
Par										
Tee Box										
Yardage										
Drive(Yards)										
Putts(#)										
Penalties										
Strokes										

Grand Total:

Eagles		Birdies		Pars		Bogeys		Tees	

Notes

Date:		Tee Off Time:
Name of Course:		
Weather:		Temperature:
Wind:		Handicap:
Par:		Yardage:
Players:		

Scores

Front 9	1	2	3	4	5	6	7	8	9	Total
Par										
Tee Box										
Yardage										
Drive(Yards)										
Putts(#)										
Penalties										
Strokes										

Back 9	1	2	3	4	5	6	7	8	9	Total
Par										
Tee Box										
Yardage										
Drive(Yards)										
Putts(#)										
Penalties										
Strokes										

Grand Total:

Eagles		Birdies		Pars		Bogeys		Tees

Notes

Date:		Tee Off Time:	
Name of Course:			
Weather:		Temperature:	
Wind:		Handicap:	
Par:		Yardage:	
Players:			

Scores

Front 9	1	2	3	4	5	6	7	8	9	Total
Par										
Tee Box										
Yardage										
Drive(Yards)										
Putts(#)										
Penalties										
Strokes										

Back 9	1	2	3	4	5	6	7	8	9	Total
Par										
Tee Box										
Yardage										
Drive(Yards)										
Putts(#)										
Penalties										
Strokes										

Grand Total:					
Eagles		Birdies		Pars		Bogeys		Tees	

Notes

Date:		Tee Off Time:
Name of Course:		
Weather:		Temperature:
Wind:		Handicap:
Par:		Yardage:
Players:		

Scores

Front 9	1	2	3	4	5	6	7	8	9	Total
Par										
Tee Box										
Yardage										
Drive(Yards)										
Putts(#)										
Penalties										
Strokes										

Back 9	1	2	3	4	5	6	7	8	9	Total
Par										
Tee Box										
Yardage										
Drive(Yards)										
Putts(#)										
Penalties										
Strokes										

Grand Total:

Eagles	Birdies	Pars	Bogeys	Tees

Notes

Date:		Tee Off Time:	
Name of Course:			
Weather:		Temperature:	
Wind:		Handicap:	
Par:		Yardage:	
Players:			

Scores

Front 9	1	2	3	4	5	6	7	8	9	Total
Par										
Tee Box										
Yardage										
Drive(Yards)										
Putts(#)										
Penalties										
Strokes										

Back 9	1	2	3	4	5	6	7	8	9	Total
Par										
Tee Box										
Yardage										
Drive(Yards)										
Putts(#)										
Penalties										
Strokes										

Grand Total:										
Eagles		Birdies		Pars		Bogeys		Tees		
Notes										

Date:		Tee Off Time:
Name of Course:		
Weather:		Temperature:
Wind:		Handicap:
Par:		Yardage:
Players:		

Scores

Front 9	1	2	3	4	5	6	7	8	9	Total
Par										
Tee Box										
Yardage										
Drive(Yards)										
Putts(#)										
Penalties										
Strokes										

Back 9	1	2	3	4	5	6	7	8	9	Total
Par										
Tee Box										
Yardage										
Drive(Yards)										
Putts(#)										
Penalties										
Strokes										

Grand Total:

Eagles	Birdies	Pars	Bogeys	Tees

Notes

Date:		Tee Off Time:	
Name of Course:			
Weather:		Temperature:	
Wind:		Handicap:	
Par:		Yardage:	
Players:			

Scores

Front 9	1	2	3	4	5	6	7	8	9	Total
Par										
Tee Box										
Yardage										
Drive(Yards)										
Putts(#)										
Penalties										
Strokes										

Back 9	1	2	3	4	5	6	7	8	9	Total
Par										
Tee Box										
Yardage										
Drive(Yards)										
Putts(#)										
Penalties										
Strokes										

Grand Total:	
Eagles:	Birdies:	Pars:	Bogeys:	Tees:

Notes

Date:		Tee Off Time:	
Name of Course:			
Weather:		Temperature:	
Wind:		Handicap:	
Par:		Yardage:	
Players:			

Scores

Front 9	1	2	3	4	5	6	7	8	9	Total
Par										
Tee Box										
Yardage										
Drive(Yards)										
Putts(#)										
Penalties										
Strokes										
Back 9	1	2	3	4	5	6	7	8	9	Total
Par										
Tee Box										
Yardage										
Drive(Yards)										
Putts(#)										
Penalties										
Strokes										

Grand Total:

Eagles		Birdies		Pars		Bogeys		Tees	

Notes

Date:		Tee Off Time:	
Name of Course:			
Weather:		Temperature:	
Wind:		Handicap:	
Par:		Yardage:	
Players:			

Scores

Front 9	1	2	3	4	5	6	7	8	9	Total
Par										
Tee Box										
Yardage										
Drive(Yards)										
Putts(#)										
Penalties										
Strokes										

Back 9	1	2	3	4	5	6	7	8	9	Total
Par										
Tee Box										
Yardage										
Drive(Yards)										
Putts(#)										
Penalties										
Strokes										

Grand Total:									
Eagles		Birdies		Pars		Bogeys		Tees	

Notes

Date:		Tee Off Time:	
Name of Course:			
Weather:		Temperature:	
Wind:		Handicap:	
Par:		Yardage:	
Players:			

Scores

Front 9	1	2	3	4	5	6	7	8	9	Total
Par										
Tee Box										
Yardage										
Drive(Yards)										
Putts(#)										
Penalties										
Strokes										

Back 9	1	2	3	4	5	6	7	8	9	Total
Par										
Tee Box										
Yardage										
Drive(Yards)										
Putts(#)										
Penalties										
Strokes										

Grand Total:

Eagles		Birdies		Pars		Bogeys		Tees	

Notes

Date:		Tee Off Time:	
Name of Course:			
Weather:		Temperature:	
Wind:		Handicap:	
Par:		Yardage:	
Players:			

Scores

Front 9	1	2	3	4	5	6	7	8	9	Total
Par										
Tee Box										
Yardage										
Drive(Yards)										
Putts(#)										
Penalties										
Strokes										

Back 9	1	2	3	4	5	6	7	8	9	Total
Par										
Tee Box										
Yardage										
Drive(Yards)										
Putts(#)										
Penalties										
Strokes										

Grand Total:					
Eagles		Birdies		Pars		Bogeys		Tees	

Notes

Date:		Tee Off Time:	
Name of Course:			
Weather:		Temperature:	
Wind:		Handicap:	
Par:		Yardage:	
Players:			

Scores

Front 9	1	2	3	4	5	6	7	8	9	Total
Par										
Tee Box										
Yardage										
Drive(Yards)										
Putts(#)										
Penalties										
Strokes										

Back 9	1	2	3	4	5	6	7	8	9	Total
Par										
Tee Box										
Yardage										
Drive(Yards)										
Putts(#)										
Penalties										
Strokes										

| **Grand Total:** | | | | | | | | | | |

Eagles		Birdies		Pars		Bogeys		Tees	

Notes

Date:		Tee Off Time:	
Name of Course:			
Weather:		Temperature:	
Wind:		Handicap:	
Par:		Yardage:	
Players:			

Scores

Front 9	1	2	3	4	5	6	7	8	9	Total
Par										
Tee Box										
Yardage										
Drive(Yards)										
Putts(#)										
Penalties										
Strokes										

Back 9	1	2	3	4	5	6	7	8	9	Total
Par										
Tee Box										
Yardage										
Drive(Yards)										
Putts(#)										
Penalties										
Strokes										

Grand Total:					
Eagles	Birdies	Pars	Bogeys	Tees	

Notes

Date:		Tee Off Time:
Name of Course:		
Weather:		Temperature:
Wind:		Handicap:
Par:		Yardage:
Players:		

Scores

Front 9	1	2	3	4	5	6	7	8	9	Total
Par										
Tee Box										
Yardage										
Drive(Yards)										
Putts(#)										
Penalties										
Strokes										

Back 9	1	2	3	4	5	6	7	8	9	Total
Par										
Tee Box										
Yardage										
Drive(Yards)										
Putts(#)										
Penalties										
Strokes										

Grand Total:				
Eagles	Birdies	Pars	Bogeys	Tees

Notes

Date:		Tee Off Time:	
Name of Course:			
Weather:		Temperature:	
Wind:		Handicap:	
Par:		Yardage:	
Players:			

Scores

Front 9	1	2	3	4	5	6	7	8	9	Total
Par										
Tee Box										
Yardage										
Drive(Yards)										
Putts(#)										
Penalties										
Strokes										

Back 9	1	2	3	4	5	6	7	8	9	Total
Par										
Tee Box										
Yardage										
Drive(Yards)										
Putts(#)										
Penalties										
Strokes										

Grand Total:

Eagles		Birdies		Pars		Bogeys		Tees	

Notes

Date:		Tee Off Time:	
Name of Course:			
Weather:		Temperature:	
Wind:		Handicap:	
Par:		Yardage:	
Players:			

Scores

Front 9	1	2	3	4	5	6	7	8	9	Total
Par										
Tee Box										
Yardage										
Drive(Yards)										
Putts(#)										
Penalties										
Strokes										

Back 9	1	2	3	4	5	6	7	8	9	Total
Par										
Tee Box										
Yardage										
Drive(Yards)										
Putts(#)										
Penalties										
Strokes										

Grand Total:					
Eagles		Birdies		Pars		Bogeys		Tees	

Notes

Date:		Tee Off Time:	
Name of Course:			
Weather:		Temperature:	
Wind:		Handicap:	
Par:		Yardage:	
Players:			

Scores

Front 9	1	2	3	4	5	6	7	8	9	Total
Par										
Tee Box										
Yardage										
Drive(Yards)										
Putts(#)										
Penalties										
Strokes										

Back 9	1	2	3	4	5	6	7	8	9	Total
Par										
Tee Box										
Yardage										
Drive(Yards)										
Putts(#)										
Penalties										
Strokes										

Grand Total:					
Eagles	Birdies	Pars	Bogeys	Tees	
Notes					

Date:		Tee Off Time:	
Name of Course:			
Weather:		Temperature:	
Wind:		Handicap:	
Par:		Yardage:	
Players:			

Scores

Front 9	1	2	3	4	5	6	7	8	9	Total
Par										
Tee Box										
Yardage										
Drive(Yards)										
Putts(#)										
Penalties										
Strokes										

Back 9	1	2	3	4	5	6	7	8	9	Total
Par										
Tee Box										
Yardage										
Drive(Yards)										
Putts(#)										
Penalties										
Strokes										

Grand Total:

Eagles		Birdies		Pars		Bogeys		Tees	

Notes

Date:		Tee Off Time:
Name of Course:		
Weather:		Temperature:
Wind:		Handicap:
Par:		Yardage:
Players:		

Scores

Front 9	1	2	3	4	5	6	7	8	9	Total
Par										
Tee Box										
Yardage										
Drive(Yards)										
Putts(#)										
Penalties										
Strokes										

Back 9	1	2	3	4	5	6	7	8	9	Total
Par										
Tee Box										
Yardage										
Drive(Yards)										
Putts(#)										
Penalties										
Strokes										

Grand Total:					
Eagles		Birdies		Pars		Bogeys		Tees	

Notes

Date:		Tee Off Time:	
Name of Course:			
Weather:		Temperature:	
Wind:		Handicap:	
Par:		Yardage:	
Players:			

Scores

Front 9	1	2	3	4	5	6	7	8	9	Total
Par										
Tee Box										
Yardage										
Drive(Yards)										
Putts(#)										
Penalties										
Strokes										

Back 9	1	2	3	4	5	6	7	8	9	Total
Par										
Tee Box										
Yardage										
Drive(Yards)										
Putts(#)										
Penalties										
Strokes										

Grand Total:

Eagles		Birdies		Pars		Bogeys		Tees	

Notes

Date:		Tee Off Time:	
Name of Course:			
Weather:		Temperature:	
Wind:		Handicap:	
Par:		Yardage:	
Players:			

Scores

Front 9	1	2	3	4	5	6	7	8	9	Total
Par										
Tee Box										
Yardage										
Drive(Yards)										
Putts(#)										
Penalties										
Strokes										

Back 9	1	2	3	4	5	6	7	8	9	Total
Par										
Tee Box										
Yardage										
Drive(Yards)										
Putts(#)										
Penalties										
Strokes										

Grand Total:

Eagles		Birdies		Pars		Bogeys		Tees	

Notes

Date:		Tee Off Time:	
Name of Course:			
Weather:		Temperature:	
Wind:		Handicap:	
Par:		Yardage:	
Players:			

Scores

Front 9	1	2	3	4	5	6	7	8	9	Total
Par										
Tee Box										
Yardage										
Drive(Yards)										
Putts(#)										
Penalties										
Strokes										

Back 9	1	2	3	4	5	6	7	8	9	Total
Par										
Tee Box										
Yardage										
Drive(Yards)										
Putts(#)										
Penalties										
Strokes										

Grand Total:

Eagles	Birdies	Pars	Bogeys	Tees

Notes

Date:		Tee Off Time:	
Name of Course:			
Weather:		Temperature:	
Wind:		Handicap:	
Par:		Yardage:	
Players:			

Scores

Front 9	1	2	3	4	5	6	7	8	9	Total
Par										
Tee Box										
Yardage										
Drive(Yards)										
Putts(#)										
Penalties										
Strokes										

Back 9	1	2	3	4	5	6	7	8	9	Total
Par										
Tee Box										
Yardage										
Drive(Yards)										
Putts(#)										
Penalties										
Strokes										

Grand Total:										
Eagles		Birdies		Pars		Bogeys		Tees		
Notes										

Date:		Tee Off Time:	
Name of Course:			
Weather:		Temperature:	
Wind:		Handicap:	
Par:		Yardage:	
Players:			

Scores

Front 9	1	2	3	4	5	6	7	8	9	Total
Par										
Tee Box										
Yardage										
Drive(Yards)										
Putts(#)										
Penalties										
Strokes										

Back 9	1	2	3	4	5	6	7	8	9	Total
Par										
Tee Box										
Yardage										
Drive(Yards)										
Putts(#)										
Penalties										
Strokes										

Grand Total:				
Eagles	Birdies	Pars	Bogeys	Tees

Notes

Date:		Tee Off Time:	
Name of Course:			
Weather:		Temperature:	
Wind:		Handicap:	
Par:		Yardage:	
Players:			

Scores

Front 9	1	2	3	4	5	6	7	8	9	Total
Par										
Tee Box										
Yardage										
Drive(Yards)										
Putts(#)										
Penalties										
Strokes										

Back 9	1	2	3	4	5	6	7	8	9	Total
Par										
Tee Box										
Yardage										
Drive(Yards)										
Putts(#)										
Penalties										
Strokes										

Grand Total:										
Eagles		Birdies		Pars		Bogeys		Tees		

Notes	

Date:		Tee Off Time:	
Name of Course:			
Weather:		Temperature:	
Wind:		Handicap:	
Par:		Yardage:	
Players:			

Scores

Front 9	1	2	3	4	5	6	7	8	9	Total
Par										
Tee Box										
Yardage										
Drive(Yards)										
Putts(#)										
Penalties										
Strokes										

Back 9	1	2	3	4	5	6	7	8	9	Total
Par										
Tee Box										
Yardage										
Drive(Yards)										
Putts(#)										
Penalties										
Strokes										

Grand Total:					
Eagles		Birdies	Pars	Bogeys	Tees
Notes					

Date:		Tee Off Time:	
Name of Course:			
Weather:		Temperature:	
Wind:		Handicap:	
Par:		Yardage:	
Players:			

Scores

Front 9	1	2	3	4	5	6	7	8	9	Total
Par										
Tee Box										
Yardage										
Drive(Yards)										
Putts(#)										
Penalties										
Strokes										

Back 9	1	2	3	4	5	6	7	8	9	Total
Par										
Tee Box										
Yardage										
Drive(Yards)										
Putts(#)										
Penalties										
Strokes										

Grand Total:					
Eagles		Birdies		Pars		Bogeys		Tees	

Notes

Date:		Tee Off Time:	
Name of Course:			
Weather:		Temperature:	
Wind:		Handicap:	
Par:		Yardage:	
Players:			

Scores

Front 9	1	2	3	4	5	6	7	8	9	Total
Par										
Tee Box										
Yardage										
Drive(Yards)										
Putts(#)										
Penalties										
Strokes										

Back 9	1	2	3	4	5	6	7	8	9	Total
Par										
Tee Box										
Yardage										
Drive(Yards)										
Putts(#)										
Penalties										
Strokes										

Grand Total:

Eagles		Birdies		Pars		Bogeys		Tees	

Notes

Date:		Tee Off Time:
Name of Course:		
Weather:		Temperature:
Wind:		Handicap:
Par:		Yardage:
Players:		

Scores

Front 9	1	2	3	4	5	6	7	8	9	Total
Par										
Tee Box										
Yardage										
Drive(Yards)										
Putts(#)										
Penalties										
Strokes										

Back 9	1	2	3	4	5	6	7	8	9	Total
Par										
Tee Box										
Yardage										
Drive(Yards)										
Putts(#)										
Penalties										
Strokes										

Grand Total:

Eagles		Birdies		Pars		Bogeys		Tees	

Notes

Date:		Tee Off Time:	
Name of Course:			
Weather:		Temperature:	
Wind:		Handicap:	
Par:		Yardage:	
Players:			

Scores

Front 9	1	2	3	4	5	6	7	8	9	Total
Par										
Tee Box										
Yardage										
Drive(Yards)										
Putts(#)										
Penalties										
Strokes										

Back 9	1	2	3	4	5	6	7	8	9	Total
Par										
Tee Box										
Yardage										
Drive(Yards)										
Putts(#)										
Penalties										
Strokes										

Grand Total:

Eagles		Birdies		Pars		Bogeys		Tees	

Notes

Date:		Tee Off Time:	
Name of Course:			
Weather:		Temperature:	
Wind:		Handicap:	
Par:		Yardage:	
Players:			

Scores

Front 9	1	2	3	4	5	6	7	8	9	Total
Par										
Tee Box										
Yardage										
Drive(Yards)										
Putts(#)										
Penalties										
Strokes										

Back 9	1	2	3	4	5	6	7	8	9	Total
Par										
Tee Box										
Yardage										
Drive(Yards)										
Putts(#)										
Penalties										
Strokes										

Grand Total:									
Eagles		Birdies		Pars		Bogeys		Tees	
Notes									

Date:		Tee Off Time:	
Name of Course:			
Weather:		Temperature:	
Wind:		Handicap:	
Par:		Yardage:	
Players:			

Scores

Front 9	1	2	3	4	5	6	7	8	9	Total
Par										
Tee Box										
Yardage										
Drive(Yards)										
Putts(#)										
Penalties										
Strokes										
Back 9	1	2	3	4	5	6	7	8	9	Total
Par										
Tee Box										
Yardage										
Drive(Yards)										
Putts(#)										
Penalties										
Strokes										

Grand Total:

Eagles		Birdies		Pars		Bogeys		Tees	

Notes	

Date:		Tee Off Time:
Name of Course:		
Weather:		Temperature:
Wind:		Handicap:
Par:		Yardage:
Players:		

Scores

Front 9	1	2	3	4	5	6	7	8	9	Total
Par										
Tee Box										
Yardage										
Drive(Yards)										
Putts(#)										
Penalties										
Strokes										

Back 9	1	2	3	4	5	6	7	8	9	Total
Par										
Tee Box										
Yardage										
Drive(Yards)										
Putts(#)										
Penalties										
Strokes										

Grand Total:				
Eagles	Birdies	Pars	Bogeys	Tees

Notes

Date:		Tee Off Time:
Name of Course:		
Weather:		Temperature:
Wind:		Handicap:
Par:		Yardage:
Players:		

Scores

Front 9	1	2	3	4	5	6	7	8	9	Total
Par										
Tee Box										
Yardage										
Drive(Yards)										
Putts(#)										
Penalties										
Strokes										

Back 9	1	2	3	4	5	6	7	8	9	Total
Par										
Tee Box										
Yardage										
Drive(Yards)										
Putts(#)										
Penalties										
Strokes										

Grand Total:

Eagles		Birdies		Pars		Bogeys		Tees	

Notes

Date:	Tee Off Time:
Name of Course:	
Weather:	Temperature:
Wind:	Handicap:
Par:	Yardage:
Players:	

Scores

Front 9	1	2	3	4	5	6	7	8	9	Total
Par										
Tee Box										
Yardage										
Drive(Yards)										
Putts(#)										
Penalties										
Strokes										

Back 9	1	2	3	4	5	6	7	8	9	Total
Par										
Tee Box										
Yardage										
Drive(Yards)										
Putts(#)										
Penalties										
Strokes										

Grand Total:

Eagles		Birdies		Pars		Bogeys		Tees	

Notes

Date:		Tee Off Time:	
Name of Course:			
Weather:		Temperature:	
Wind:		Handicap:	
Par:		Yardage:	
Players:			

Scores

Front 9	1	2	3	4	5	6	7	8	9	Total
Par										
Tee Box										
Yardage										
Drive(Yards)										
Putts(#)										
Penalties										
Strokes										

Back 9	1	2	3	4	5	6	7	8	9	Total
Par										
Tee Box										
Yardage										
Drive(Yards)										
Putts(#)										
Penalties										
Strokes										

Grand Total:					
Eagles	Birdies	Pars	Bogeys	Tees	
Notes					

Date:		Tee Off Time:	
Name of Course:			
Weather:		Temperature:	
Wind:		Handicap:	
Par:		Yardage:	
Players:			

Scores

Front 9	1	2	3	4	5	6	7	8	9	Total
Par										
Tee Box										
Yardage										
Drive(Yards)										
Putts(#)										
Penalties										
Strokes										
Back 9	1	2	3	4	5	6	7	8	9	Total
Par										
Tee Box										
Yardage										
Drive(Yards)										
Putts(#)										
Penalties										
Strokes										
Grand Total:										

Eagles		Birdies		Pars		Bogeys		Tees	

Notes

Date:		Tee Off Time:
Name of Course:		
Weather:		Temperature:
Wind:		Handicap:
Par:		Yardage:
Players:		

Scores

Front 9	1	2	3	4	5	6	7	8	9	Total
Par										
Tee Box										
Yardage										
Drive(Yards)										
Putts(#)										
Penalties										
Strokes										

Back 9	1	2	3	4	5	6	7	8	9	Total
Par										
Tee Box										
Yardage										
Drive(Yards)										
Putts(#)										
Penalties										
Strokes										

Grand Total:

Eagles		Birdies		Pars		Bogeys		Tees	

Notes

Date:	Tee Off Time:
Name of Course:	
Weather:	Temperature:
Wind:	Handicap:
Par:	Yardage:
Players:	

Scores

Front 9	1	2	3	4	5	6	7	8	9	Total
Par										
Tee Box										
Yardage										
Drive(Yards)										
Putts(#)										
Penalties										
Strokes										

Back 9	1	2	3	4	5	6	7	8	9	Total
Par										
Tee Box										
Yardage										
Drive(Yards)										
Putts(#)										
Penalties										
Strokes										

Grand Total:

Eagles	Birdies	Pars	Bogeys	Tees

Notes

Date:		Tee Off Time:	
Name of Course:			
Weather:		Temperature:	
Wind:		Handicap:	
Par:		Yardage:	
Players:			

Scores

Front 9	1	2	3	4	5	6	7	8	9	Total
Par										
Tee Box										
Yardage										
Drive(Yards)										
Putts(#)										
Penalties										
Strokes										
Back 9	1	2	3	4	5	6	7	8	9	Total
Par										
Tee Box										
Yardage										
Drive(Yards)										
Putts(#)										
Penalties										
Strokes										

Grand Total:					
Eagles		Birdies		Pars		Bogeys		Tees	

Notes

Made in the USA
Lexington, KY
05 December 2018